AF360008

LA contre

amye de la court.

❧ On les vent a Rouen, chez Nicols de burges
demeurãt pres du neuf marche deuant le pelerin

1 5 4 3.

Dixain aux lecteurs.

Aux yeulx charnelx lesprit neft apparent:
Mais par amour, aux celeftes fe monftre
Aux yeulx charnelx charnalite, fe rend
De toute chofe ou amour fe demonftre,
Par celluy faict ceftuy lyure eft vng môftre
Car le lyfant femble.charnel efcript
Aulx yeulx charnelx & aux yeulx de lefprit
Il femble vng chant, damourpfait & mûde
Doncquez entendez les vrays poinctz quil
    defcript
Ceft vng filenz au Iugement du monde.

Limprimeur aux lecteurs.

Le graud Dieu mercure qui court:
En tout lieu moyennant ses eslez
Tant aux dames quæ aux damoysellez
Presente par amoureulx zelles:
La contre amye de la court.

Espigrame de la contre amye.

Honneste amour ma emflamme lesprit
Vng peu plus fort que toy de courr amye
Gardant sa loy ie tay faict c'est escript
Vif en celuy qui cueur loyal premiſ
Entendz le bien & non soys endormye
Tout en ce poiͨt q̃ vng cueur damāt hōteulx
Tumbant au son de herpſ ou challemye
Entre les bras dargus le paresceulx
Lys donc desptit & ne resemble a ceulx
Expulſant hors tout bou enſaignement
Garir on peult vng mal coutagieulx
En exibant parfaict medicament
Notte donc bien ce present document
Tant bien dreſſe contre humaine falace
Il monſtrſ, en foy, souby, vif, entendement
La liberte de lamour plain de grace.

LA CONTREAMYE SANS SY
A LAVLTRE AMYE
DICT AINSY.

Y contre amour vne amye de court
A tant aofe, que par tout le bruict court:
Quamour neft rien, que folle phantafye.

Qui lefperit vif meudrit & phantafye
Ne puis ie pas, & noferaige poinct:
Deffendre amour q̃ lon blafme en ce poinct
Sil eft permis deftracter, ou mefdire
Combien plufort: le louer & bien dire
O dieu damourt, fy tu mas faict fentir
Cõment ton traict peult tout affubgetir
Sy tu mainctiens en honneur & leeffe
Heurefement la fleur de ma ieuneffe
Sy dun vray cueur ton pouuoir ie reuere
Et fy en toy mon feul efprit efpere
Infpire moy ainfy de cueur priant
Me faiffant voir lamourt ieune & riant
Son béau chef blond de myr te couronné
Dun ioyeux ris de graces enuironne
Tenant en main vng traict au lieu de fceptre
Dés vng beau char q̃ mars preulx & adextre

LA CONTRE AMYE

Luy donna lors qu'euſt de cyrus victoite
Vingt coulonz blãcz en grãd triumphe &
  gloire
Alloient tirant ce beau chair precieulx
La ſe monſtroict amour victorieulx
Menant captifz tant ieunes filz quæ fillez
Et tous naures de ſes fleſches ſubtillez
Il menaſſoit ſen traict tenant en main
Tout cueur a luy, rebelle & inhumain
Vous euſſiez veu les peuplez infinys
Trembler ſoubz luy & eſtre a luy vnis
Luy promectant ſans fin: foy & homage
Bien quil ſoit nud & nayct encor d'homme
  aage
Du hault des cielz ſa mere grand deeſſe
Iectoit ſur luy roſez & fleurs: ſans ceſſe
Pour de ſon filz le triumphe enrichir
Quil quant venoit ſes eſlez dor flexir
Ou eſleue, il rendoit vng clair luſtre
Deſſus ſon chef meruilleux & illuſtre
Et daultre part en bon ordre virez
Rendoient du chat les rouez illuſtrez
En tel eſtat de triumphe & d'honneur
Me fait de ioye & du ſalut donneur
Amour le ieune eſt le hardy enfant
Amour le Dieu ſuis tous dieulx triumphant

Quil me va dire ou sus faictz ton debuoir
De soutenir mon honneur & pouuoir
Ie suis puissant tu voys de toute taille
Aauainctz q̃ ie vaincq; damoureuse bataille
honore suis tu voys l'homage & foy
Des peuples grandz duquel ie suis le roy
Mon char voys plainde richessez haultainez
Mes ellez dor de gloire toutez plamez
Et cella dict les coulonmbz blancz se virent
Et par my lair en son chair le vous tireut
Tendant en hault vo⁹ eussiez veu ses eslez
En lustre clair gracieusez & bellez
Par mouuement auec lair se combatrⱬ
Et lais venir maistrier & abatre
Cella poursuy au ciel sest retire
Pres de sa mere en son bien desire
Vous me doubtes cõme ie croy mes damez
Sy son regard meust au ceur les flammez
Pour reuenger amour que lon opprime
Mais vous doutez ainsy cõme iestime
Cõme se Dieu damour en moy parla
Quant en triumphe & honneur deualla
Pour demonstrer par vision notoire
Combien grande est sa puissance & sa gloire
Affin que plus de ce ne vous doubtez
Parlant de moy damez or mescoutez

LA CONTRE AMYE

Ie vous diray quil ie suis & comment
Le Dieu damour iaymie fort constamment
De quel l'honneur & doctrine ay suyuie
En me rendant a luy toute asseruye
Or fault scauoir en premier que suis fille
D'homme gentil lequel en maincte ville
Veu sa prudence & son fameufz regnon
Est estimer porter a droict ce non
Des son ieune aage auoit sciencs acquise
Quil estimoit plus quæ richesse exquise
Toufiours hantoit les gens les plus lectres
Non les grandz geus richement acoustres
Disoit ainsy fy mollement vestues
Souuenr dautant seslonguent des vertus
Et quel besoing par les estrangez terre
Aller chercer tant dor & richez pieres
Pour seullement couurir nostre nature
Quil nuz vient & va en pourriture
Somme il estoit de petite parolle
Fors quand de nous il tenoit son escolle
Ientendz de moy & dune myenne seur
Dont il estoit enseigneur & dresseur
Du Dieu damour toufiours estoit son chãt
Dit Dieu damourt toufiours allout prechãt
Aymes lamour difsoir il mez fillettes
C'est vng grãd Dieu soyes a luy subgectez

Ce temps pendant quæ ce Dieu aymerez

La bonté damour
*****

Pendant que vous ses subgectez serez
Nen doubtez poinct ce Dieu vo^s mainctiédra
C'est le seul Dieu entre tous aultres dieulx
Le plus begnim & plus gracieulx
C'est le seul Dieu quil les aultrez accorde
C'est le seul Dieu de paix & de concorde
Quil les haulx dieux des hommes, offences
Va appaissant & sy bien y penssez

Tout est faict par amour

C'est celuy Dieu par quil fut faict ce monde
Quil entretient ceste machine ronde
Car le soleil la lune les planettes
Quon voit au ciel tant billez & tant nettes
Ne donneroit cy bas leurs influencez
Ny produiroient leurs claires relucencez
Sy ce nestoit q'uamour le puissant Dieu
Les incistast regarder ce bas lieu
Pour y prodruire a nostre vtilite
De tous les biens plaine, fertillite
Les bledz les vis les fleurs feuillez & fruictz
Vienuent de la & par luy sont prodiuctz
Et pour parler des chosez de plus pres
Les ellementz mis eu bel ordre apres
Feroient combat & tresgrande follye
Sy ce nestoit q'uamour les ioinct & lye
Et sy amour, ne les attemperoit

En noſtre corps, la guerre ſy feroit
Le chault vouldroiĉt ſur le chault dominer
Le froid vouldroiĉt le chault extermine
Paraillement le ſec auec l'humyde
Le coubatroiĉt & fauldroiĉt que lung vide
Dont a nos corps cauſeroiĉt diſcordz grádz
Incontinent malladye & puis mort
Sy ce neſtoit amour ce Dieu puiſſant
Auquel ilz vont tretous obayſſant
Car il a mys & en tout temps ilz paſſe
Son traiĉt par tout & tout luy doune place
Il nya rien qui a lamour ne cede
Et ſy neſt rien que lamour ne poſſede
Amour par tout ſon pouuoir a ſeme
Et par ainſy lung eſt de lautre ayme
Amour par tout ſa bonne graine ſeme
Et de la vient que toute choſe ſayme
Vous voyes leau qui ſenfinir ne ceſſe
Par vng amour ſentre vnir, & ſe preeſſe
Vous la voyez combien que ſoit poyſſante
Monter en hault par amytie puiſſante
Dens vng caual & contre ſa nature
Haulſer ſans fin ſon ordre & ſa meſſure
Sentreſuiuans ou, elle faiĉt ſon cours
Pour ſentreayder & ſe donner ſecours
Pour ſe ſerrer & conſeruer en eſtre

toute chõ-
ſe cede de lieu
a amour

✳
leau mõte
en hault,
p laĉtri-
ĉtion des
nueez

Et cella faict amour qui en est maistre
Tour ainsy faict le feu vif eclairant
Il va lamour enuers soy desclarant
Quand luy subtil il se presse & sassamble
Fortissiant flamme auec flamme ensemble
Pour myeulx la hault en sonvray lieu voller
Et reposer en la froideur de lair
Semblabe cas on peult voir en la terre
Qui se nourir se consolide & serre
Incessamment par la loy damour grande
Qui de tout temps luy ordonne & cõmande
Nestymes dont quant leau le feu attainct
Sy a linstant le tue & le destainct
Qui cella faict ayant le feu en hayne
Non mais elle est dnne amour de soy pleine
Et aultres se elle nenrend & veult
Que tel que soy le rende selle peult
Car le desir naturel est en elle
Damply fier sa frideur naturelle
Ce que ne peult sans lachalleur comtraindre
Qui est au feu & sans du tout lestaindre
Celle pouoit procedet aultrement,
Le mueroit sans perte & destriment
Mais penses vous, quand par cas daduãture,
La maison chietz sur quelque creature
Quelle se vienne ainsy ouertuer,

La ᵖpriete du feu.

Chascune
chose desi
re cõstrui
re sõ estre

Et quelle tumbe : affin de les tuer
Ne pensez pas, ainſy quelle la haye
En la tuant, ou en luy faiſſant plaie
Mais elle ſayme & querant au le cente
Et le meilleur de la, terre ou elle entre.
Tant quelle peult, pour la ſe conſeruer
Poinct ne quiert doncq , ſa grand force eſ- toute poy
   prouuer, ſantereqre
Elle nentend meudrir hoſte, ou hoſteſſe ſon côtre.
Son deſir neſt. ou quelle. tue ou bleſſe
Mais ſon deſir, eſt quelle ſe perface
En ſon vray lieu & naturelle place
Et dy pluſſort mes filles bien ames
Ie allegneray, des choſez animez
Quand le fort loup la fieble brebis happe
Et quand le chien le larron mord & happe
Ilz ne font mal & ne peuſent mal faire
Car quand, le loup, vient, la brebis desfaire
Il ne la, haict, ny ſa vye, & doulceur
Ou ſa beaulte, mais on doibt eſtre ſceur
Quæ ſeullement, la pourchaſſe & rauit
Pont ce que delle il ſe ſubſtante & vit
Ainſy Lagneau ne va le loup fuyant
Comme le loup, de nature hayant
Mais ſon dangier, il refuit & ſa mort
Ainſy le chien, le larron iappe, & mord

Non le hayant mais, craingnãt, q̃ son maistre
En corps & biens endomaige puisse estre
En ne sauroit donc, aller allencontre
Quamour par tout, le Dieu ne se demonstre
Amour le Dieu certez regne par tout
De son pouoir, on ne trouue le bout

Effort da
meut.

C'est celuy Dieu, qui au ciel & la terre
Quand il luy plaist tue proces & guerre
Les ennemis d'honneur & de tout bien
Les ennemis de lautruy & du sien
Les deulx serpens & hideuses chimerez
Plainez de fiel & de poeson amere
Le Dieu amour que est par tout espars
A inuente les siences & ars
Et les mainctient en tresbelle ordonnance
Les esclarcit les produict & aduance
Car quil pouroit apprendre ou inuenter
Art ou lamour ne le vient inciter
Sans forte amour & delectation
Nul me viendroit a quelque inuention

Riens sãs
amour.

Le precepteur qui na le soing dinstruire
Iamais ne peult les disciplez conduire
A bon scauoir ses disciplez comment
Pourront apprendre aussy pareillement
Syl nont amour qui leur esprit aguise
Enuers leur, maistre, & la science acquise

DE LA COVRT.

Le Dieu damour eſt pluſfort que les roys
Les princez grandez auec tout leurs arroys
Sôt to'côtraiᴄtz ſoubz ſuy leur chef baiſſer
Et hault & clair ſon pouoir confeſſer
Quand il les rend ſes ſerſz aſſubgeᴄtifiz
Leur faiᴄt ſernir ſouuent les plus pettiz
C'eſtvng grand cas que ſceptrez dyadeſinez
Les haulz hôneurs les puiſſancez ſinpreſmez
De toutez pars tout ſen que lon peult voir
Sencline ſoubx lamour & ſon pouuoir
Lespluſfortzdôc damour la force eſpreuuét
Et les plus grandz acheſter ne la peuuent
On a beau faire oncquez on leſforce
Il neſt vaincu par argent ny par force
Car il eſt ne en libre vouluute
Procede & vient de cueur & de bonte
Il contrainᴄt tout on le peult contraindre
Il actainᴄt tout on ne le peult contraindre
Certainement menacez viollences
Or ny argent cruanltez ny vengencez
Aucunement ne vous contraingnent poinᴄt
Que no' aymôs voire dung tout ſeul poinᴄt
Communement toute aultres affeᴄtion
Tout art humain toute opperation
Par deſſus ſoy requiert quelque ſalaire
Le ſeul amoureſt touſiours au contraire

Amour se
contente.   Le seul amour se contente de soy
   Car que requiert tellɇ est damour la loy
   Celuy qui ayme,ou cil qui est ayme.
reprocãs,   Sy non lamour reciproquɇ exprime
   Et deuers luy faissant le sien retour
   Car cõme on dict amour demande amour
amour se   Puis donc quamour est sy,hault & puissant
requiets   Quæ de son traict il va,tout transpercant
soimesme   Craindre le fault & luy, porter honneur
   Comme a vng grand & souuerain seigneur
   A qui , iamais on ne peult resister
   Lequel iamais on ne peult euiter
   Et puis quil est sy,noble & debonnaire
   Qui faict tout bien de grace voulontaire
*   Puis que le monde il cree & le conserne
   Aymer le fault de bonne amour non serue
   Mais comme pere estant de tout aucteur,
   Paraillement de tout conseruateur
   Puisql pduict les ars quon peult cõgnoistre
   Suyure le fault comme seigneur & maistre
   Par quel aucteur hommes creɇ & nez
   Par tel seigneur nous sommes gouuernez
   Par le quel maistre a bien faire & bien viure
   Sommes instruictz,sy nousle vou õs suyure
   Voilla cõment nous instruisoit mon pere
   Du dieu damour qui faict que lon prospere

De plus en plus cest vous chose bonne
Quant de ieunesse on instruict la personne
Car cõmevng pot qui est tout nouueau faict
Retient lodeur la vertu & lesfecte
De la liqueur en luy prenuere infuse
Bonne ou mauaise & poinct ne la refuse
Ausy dotrine aprise de ieunese
Dure long temps & iusque a la viellesse
Le ieune esprit est ausy que vne plante
Quæ cõme on veult lon lye & lon plaute
Le ieune esprit est cõme vng fraiz tableau
Ou ny a rien qui soit painct laid ou beau
Mais toutefoys qui le painctre vouldra
A son plasir quelque chose y paindra
Le touchant donc de touche de doctrine
Y trouuera meincte histore dinine
Mainct bon exemple & maincte instruction
Qui induict tendre a la par fection
Et le touchant de touche de malice
Y formera maincte laid & hideiux vice
Qui indinct tendre a toute volupte
A lauarice ou a laxiuite
En ce ponct donc ma ieunesse recente
Toutchez au vif dinstruction decente
Ne passe poinct ne sepn aine ne iour
Sans adorer le puissant Dieu damour

C'estoit a luy, a qui me preparoys
C'estoit a luy a qui, seul iesperoys
C'estoit a luy de tous dieulx le plus preux
A qui tendroient mes, faictz mes, dictz mes,
   veulx
C'estoit celuy de qui toufiours par loys
Auec luy tout & fans luy rien vouloys
Quand iaprochay de quatorze ou quize ans
De face belle & de meurs plus luyfans
Ie fus de mainctz pourfnyuy & ayme
Encor de puis ie me voy eftime
Il neftoit pas de bonne mere ne
Qui me voyant, ne m'euft falut donne
Il ny auoit homme ou femme en la ville
Qui mon mainctient & ma grace ciuille
Ne comtemplaft & nallaft beniffant
Ma grand ieuneffe en tout bien floriffant

Lors ie difoys tout bas ien ay memoire
Au feul amour en foit l'honneur & gloire
Il vous pry donc mes dames qui lyfez
En c'eft endroict dorgniel ne macufes
Ce que iay dict, ie ne lay, dict fynon
Pour extoller au Dien damour le non
Car c'eft ce Dieu qui my maincteuoit telle
Qnon eftimoit fur toutes la plus belle
Mais penfez vous qu'en precieulx habitz

Dor & de soyes en perlez & Rubis
En parler fiere & en parler haultaine
Ie fus ainsy d'honneur & de lotz plaine
Non non iestoys honestement honteuse
Et nestoys poinct en mes habis ponpeuse
Dont aux habis aulcunes damoysellez
Corrumpent tant leurs beaultez naturellez
Par or argent pierreryes & doreurez
Chaynez aneaulx & exquissez pareurez
Pour dire brief, tant par art, quæ par fard
Semblablement mesbays, daultrepart
De cellela qui nayant grand beaulte
Ont tant de soing, destat & brauette
Affiu quilz soyent venus richement laydez
A leur laydeur cuydant donner remedez
Et sesforceant de faire aultres mesure
En leur endroit plus que Dieu & nature
Comme sy lor auoit ceste puissance
De refformer ce quon a de naissance
Comme sy lor nous faissoit vertueusez
Quand il nous faict riche & sumptueusez
Mais ie cralnctz fort que rédröt möstrueux
Mainct corps farde autant que sumptueux
Il faict beau voir dame non contrefaicte
Mais en estat qne nature la faicte
Nature est saige & en nous na rien faict
B j.

Que puiſſe bien par art eſtre deſfaict
Nature eſt forte & quil luyritera
Auec vengeance elle retourneta
Nature eſt bonne irriter ne la fault
De Dieu eſt fille elle vient de la hault
Il faict bon voir la beaulte naturelle
Sans art ſans fard de choſe temporelle
Il faict bon voir en bon mainctien & geſtez
Damez qui ſoit raſizez & modeſtez
Qui vont parlant & peu & prudemment
Qui vont auſſy regardant poſement
Qui rondement ſelon leur naturel
Vont gouuernant leur mainctiét corporel
Non point vng tas de ſottez glorieuſez
Non point vng tas qui font des precieuſez
Pour leur habitz pour leur or & argent
Non poict vng tas qui ſe font le corps gent
Pour vng deſir ſeullement de complaire
Et pour le monde a leur regard attraire
Non poinct vng tas qui vont eceruellez
Loiel de trauers comme pies emparlez
Les deulx bouquetz de cheueulx eſuentez
Comme leur poil & leur langue areſtez
Telle neſtoyt telle ne ſuis encore
Car le grand Dieu damour lequel iadore
Se monſtre nud & tout nud ſe maintiend

Pour demonstrer ce que la beaulte tient
De la nature & non de lartifice
De la vertu belle en soy non de vice
De linternel est non de lexternel
Non point de fard ny dabit solempnel
Aussy il a les deulx yeulx bendes pource
Quil ne regarde a lhabit na la bourse
Des eslez a demonstrant sa haultesse
Sa liberte & sa grande noblesse
Il nest poinct vil il nest poict serf mais fràc
Volle il luy plaist, tousiours, be au, ieune &
    blanc
Dessus ce poinct ne puis que ne me rye
Qu'on le faict Dieu de magquignonerye
On se poupine on se myre & regarde
On se testonne on se frote on se farde
Comme cheual qui passe par les mains
Des maquignons dauarice tous plains
Qnipour auoir dargent somme plus grosse
Pour vng roussin vous vendent vne rosse
Tant il lauroit bien instruict & menee
Et tant bien faicte & bien maquinonne
Aussy est il ò mes dames, souueut
A grand regard ie voy que lon se vend
Quæ l'on se pare au plus offrát, & puis
Damour dict on ce sont les faictz & fruictz

lon painct
le Dieu da-
mour nud

Pourquoy
il a les ieulx
bendes.

Pourquoy
il a des es-
les.

similitude

B ij.

Qui est erreur amour le Dieu propice
Nest poinct submis a lor na lauarice
Amour le Dieu est vng Dieu garny desles
Il volle en hault poinct na terrestrez zellez
Mais nous voullons a sa diuinite
Attribuer noster cupidite
O grand erreur o erreur trop dampnable
Qui faict de soy la deite coupable
Mais quel espoir y a a nous de myeulx
Quãd de noz maulx no⁹ accusõs les dieulz
C'est grand abus a mal & infortune
Ne regnoit poinct au temps du viel saturne
Lors que les gens rempartz de verite
Suyuoient sans loy le droict & equite
Quand ny auoit ancun boureau ny iuge
Craincte ou danger proces ny subterfuge
Qnaud les haulx montz les arbres abatus
Nauoient la mer, ny les fleuuez batus
Lors quæ nestoit encor la terre ouuerte
Et bien auant iusquæ au fondz descouuerte
Pour en tirer ses tresors ses entraillez
Lor & le fer dont on faict les bataillez
Lors qu'on alloit vestu de tiretaine
Viuant des fruict & deau bien claire & saine
Lors qu'on auoit pour pallaix & chasteaulx
Les bissonnetz & les arbres tant beaulx

LA CONTREAMYE

Mais au iourduy, on ne quiert quehaulteſſez
Et dediſfice & d'habis & richeſſez
Et follement au plus riche dhonneur
Chaſcune vend ſon corps & ſon honneur
Toutes ont loiel & cueur aux haulx montez
A ceulx qui ou officez dignites
Et neſt aulcuns ainſy quæ dit Horace
Syl nont dequoy nont des dames la'grace
Sapho pharon na auſſy eſtime
Oenoue na, paris ainſy ayme
Dido aornee chipſiphile iaſon.
Ains ont ayme par contraite raiſon
C'eſt aſſauoir pour leur grace & ſaigeſſe
Ou pour vertu de beaute & ieuneſſe
Et quoy que ſoit de leur amour liſſue
Non bonne tant comme lauoient concene
Sy toutefois eſt en toute maniere
Spectacle vray de leur amour entiere
Quau téps qui court quon ſe vend follemét
A quiquonq; a argent plus largement
Ie nay aymie ny monſtre damour ſigne
A ceulx qui môt oſfert main& preſét digne,
Ie nay ayme ny le preſent oſfert
Et enuers moy ie nay tel cas ſouſfert
Mais leur ay dict la reſponſe preſente
Amour eſt nud & de ſoy ſe contente'

quiconÿ a

B iij.

Ainſy ie croy que dame a prendre apriſſe
Facillement en prenant ſe rend priſe
On a beau dire & beau diſſimuller
Féme qui prend ne peult plus reculler
Car recullant donneroit a entendre
Que hóneſtemét ne pourroit ſes dós prédre
Puis quen prenant dauarice ſe tache
En recullant le donneur elle fache
Car penſes tu que les ieunes & vieulx
Te font ainſy preſent pour tes beaulx yeulx
Certes ainſy que le iuge qui prend
Contre le droict il offence & meſprend
Et ſy proces & ſentence renuerſe
Iuſtice vend & iuſtice nexcerſe
ne plus ne moins c'eſt vng poinct arreſte
Fille qui prend vous vend ſa chaſtette
Paraillement tout ainſy que les mains
Par qui ſouueut paſſent des deniers mains
Se vont ſouillaut & amaſſant ordure
Ne plus ne moins la penſee pure
Se ſouille en fin & par preſens receuz
Maictz noblez cueurs ſót ſouillez & deceuz
Et qui recoipt telx preſens quonluy dóne
Auec le temps il perdra la perſonne
Philippes dict tout lieu tout domicille
Tant fort chaſteau eſt a prendre facille

Ou peult entre vng afne charge dor
Lennemy entre ou entre fon trefor
En cas pareil que fus belle herbe verte
Gift en fecret la couleuure conuette
Soubz les beaulx dons eft enclos la malice
Dung vain plaifir duquel ne vient que vice
Comme lon prend par reufe les oyfeaulx
Auec le paft les gluons & pippeaulx
Par lor on prend des fillez tant & plus
Lor eft le paift les pipeaulx & le glns
Brief en prenant fouuent par long vfaige
Se laiffe aller la plus conftante & fage
Car des prefens la preciuefe foef
A ie ne fay myel tant doulx & foef
Quil a friande & mue toute guife
Linfatiable ardante couuoytife
Qui nous côtrainct maictz cas faire & pêfer
Et de raifon les limitez paffer
Car dequite le droictfil & la corde
Auecquez lor & largent ne facorde
Mainct par argent a efte defolle
Par les prefens le monde eft affolle
Par les prefens & couuoytize folle
Les fillez ont trahy le capitolle
Iadis a romme,& quel mal oncq fut il
Quæ lor ne foit en tout moyen fubtil

La nature
dauarice.

B iiij,

Mais c'est bien faict amye non amable
Ce temps pendant que beaulte non durable
Ieunesse belle & qui passe soudain
Te donnent heur par quelqne vend mõdain
Tous tes amans de toy & noa aymes
Sy tu men croys me soyent tresbien plumes
Chasse tousiours pille & prendz des amans
Chainez aneaulx rubis & dyamans
Nayez pitye ny dargent ny de bourse
Puis que playsir mõdain tu prenz ta course
Car cy a pres quand ta grande ieunesse
Et ta beaulte auec temps prendont cesse
Chascun amant allors qui te voirra
Incontinét de toy recullera
Voilla le poinct comme ie puis penser
Auquel reside & se ioinct ton penser
Dont suis contraire a toy de court amye
Veu que ces dons certes ie ne prendz mye
Et puis tu viens tant louer liberte
Celeste don est a tout presente
Et puis tu dis que la vertu te guide
Et que l'honneur part tout te sert & guide
Tu dys aussy en parollez patentez
Que te congnoys & de toy te contentes
Et nonobstant tu suys laultruy conquerre
Gaigner seigneurs leurs dons & grace aĝrre
Et puis tu dys que ta fellicite

LA CONTRE

A ton esprit a cela incite
Deſſus ce poinct aduiſſe donc & voy
Qui eſt plus libre ou de toy ou de moy
Qui de nous deulx l'honneur ayme & fuit
Qui de noꝰ deulx la vertu myeulx pourſuyt
Qui de nous deulx a ceulx myeulx excite
Et myeulx pretend leternelle cite
Tu ne ſcauroys meſchaper par ce tout
Quæ tu entendz eſtre libre damour
Au pirs aller ie gaigneray ce poinct
Quant a largent quæ libre tu nez poinct
Quæ men chault il quand on eſt diligent
Par faindre amour attirer de largent
Quæ me chault il faignaut ta chaſtete
Sytu pretendz garder honneſtete
Deſia tu dys playnement en mot rond
Quæ mainct cauſeur eſt a te mordre prond
Qui en eſt cauſe vne main mal regie
A prendre dons ſoubz faincte courtoyſye
Mais ie te dy que la liberte vraye
Onc ne ſera en cueur qui lamour haye
Et ſy te dy que l'honneur & vertu
Deuant tes yeulx & en cueur nauras tu
Dequoy ſi fort & ſy ſouuent te vantes
Sans que tu ſoyent lune de ſes ſeruantez
Subgecte en tout a ce Dieu aligere

Loffice da
mour.

Qui a l'honneur & vertu nous ingere
Qui volle hault en plaine liberte
El ne peult eſtre enclos ny arreſte
Qui va regnant par le monde diuers

amours de
painct cō=
me ¡enfand

Malgre leſfort des ennemis peruers
Il eſt enfant tout remply dinorence
Et a touſiours purite en preſſence

repetition
pourquoz
amourales
yeulx ben=
der.

Il va tout nud & ne pretend nul vice
Les yeulx bendez comme dame iuſtice
Pour demonſtter que perſonne naccepte
Et quil ne faict dor ny dargent recepte
Grand ou pettit poure ou riche tout vng
Sont quand & luy,car ouluyeſt conm un
Mais quand tu dys que le droict de ſageſſe
Neſt reſfuſer dun prince la largeſſe,

conſail.

Ie ſuis dauis,que lon peult ſexcuſer
Non ſottement de largeſſe abuſſer:
Sy toutefoys le prince perſeuere,
Pour quelque foys fault qu'on luy obtépere
Pluſtot de peur qu'on le fache ou irrite
Qne laccepter ſoubz vmbre de merite
Ie ne veul pas tel acte condampner
Sy crains ie fort pour tant prendre ou dóner
Que des preſens la frequentation
Nengendre en fin habituation
Et vng deſir couuoyteux ie preſume

Que hôneur y péd qcôque en faiƈt côstume
Ainsy que toy qni en chascun quartier
Te vas vantant quæ tu en faiƈtz mestier
Côme par tout aussy te vas vantant
Que des amys tu en as acquis tant
Que par tes yeulx dissimullez & fainƈtz
Et par la langue aymer seullement fainƈt   Deceptiõ
En quoy faissant appert que toymesme
      vssez
De faultx senblant donc lamour tu accussez
Le Dieu amour qu'on voit tout nud voller
Il nest poinƈt fainƈt ne peult dissimuller   *
Car il est nud & ieune & a dez aeslez
Mais toy l'honneur des plus saiges & bellez
Tu veulx de tous estre amye tresbien
Et touteffois tu ne veulx aymer rien
Tu veulx auoir infinite damys
Qui soyent a toy tes pettiz serfz submis
Qui pour deesse incessammét tadore
Et par pressens iournellement t'honorent
Ce temps pendant que den rire tu meurs
Perdant leur grac & leur courtoysez meurs
Tu veulx nourir dissimulation   Lesseƈt &
Mere de mal & deconfussion   le ppre de
De trahisson la seur & la nourice   dissimulla
de couuoytisse & mauldiƈte auarice   tion.

Tu veulx iurer & mentir faulcemeut
De tout ton cueur les aymer ardanment
Et puis tu dys qu'on lyt en ton viffaige
Quæ ce neft que vng du cueur & de lãgaige

Deception
en parolle

Tu nayme nul & fy il tayment tous
De leur propos te mocquez a touscoups
Et puis apres tu dys quæ tu veulx
Par vne exemple appuyer deffus eulx

Simillitũde

Cõme la vigne en foy mefme fichee
Deuient en fin infertille fechee
Quand daucun boys, elle ne treue appuy
Ainfy tu crainctz quæ triftefle & ennuyt
Les dons du ciel qui fy forr tenrichiffent
Par non challoir par tant amys periffent
Sellon quæ dict la chanfon telle quellæ
Fille qui na amy comment vit elle
En mefme lieu fil fault quæ ie men rye
Tu as les dons compris foubz mocquerye
Sil ren fouuyent ainfy tu a dict mefme
Quæ tu ten vas contentant de, toy mefme
Quel befoing donc, a tu de tappuyer
Sur tant damys pour te defennuyer
Ou pour fubit tenrichir & valloir
Par faulx femblãt leur mõftrant bõ vouloir

fimillitude

Le chien qui garde entre tous animaulx
amour loyal enuers fes fpeciaulx

Diſſimuller ne peult car ſa nature
Eſt bonne & franche & de plaine ouuerture
Il eſt amy eſt compaignon fiable
Plain de ſerours & priuaulte louable
Et ſy ne peult iamais ſues l'homme ou beſte
Luy faire mal en luy faiſſant la feſte
Qui ayme autry ou qui monſtre ſemblant
Il va ſon ſang par les traictz , doeil trou-
　　blant
Car tout ainſy que le ſolail qui eſt
Le cueur du monde il ſe meult ſant arreſt
Et ſe mouuant eſchauffe & illumine
Auec ſes rays du monde la machine
Et y eſpart ſa vigueur & vertu
De noſtre corps ainſy le cueur batu
Par mouuement lequel ſy fort le preſſe
Le ſang prochain il eſchauffe ſans ceſſe
Qui tout ſubit par les menbres prend voye
Et par ce ſang leſprit vital enuoye
Facillement par les vitres des yeulx
Car luy ſubtil par la il paſſe myeulx
Touſiours les yeulx ſont du corps guide &
　　maiſtrez
Leſprit vital comme par deulx feneſtres
Paſſe touſiours & pluſfacillement
Sans doubte aulcun & plus habondanment

Pour ce thibert ainſy diſſent les clercz
Veoyt de nuyct a tous ſes grãdes yeulx clers
Auſy auguſte euſt les yeulx ſy ardans
Quil contraingnoit baiſſer les regardans
Leſprit vital vraye & parfaicte flamme
Les yeulx daultruy par les noſtre enflamme
Les naure & tue & puis appres le cueur
Car par les yeulx vne viue liqueur
Viuement traicte ardante & bien ſubtille
Deſcend au cueur bien legere & habille
Et luy rauyt ſa challeur & ſa vye
Par nayant poinct la d'habiter enuye
Incontinent le retire chieulx ſoy
Pillant laultruy par force & faulce loy
Et en portant ſon ſang & ſa vigueur
Tout en ce poinct comme plain de rigueur
Le laiſſe mort & telz amandz naurez
Souuent non ſens ny eſpris recouures
Tremblans de froid car la viue ſcintille
Entrant ſur eulx toute leur challeur pille
Dont ſont paſmez craintifz eſpouantez
Car la froideur cauſe thimiditez
A tous propos iectent ſoupirs extreſmes
Car ſentent bien quilz ſe perdent eulx meſ
mez
La dame donc qui ſon oeil euertue

DE LA COVRT.

Sur le ieune homme elle naure & le tue
Par ainsy est homicide & meudriere
Puis sacrilege & larronnesse arriere
Ayant de luy receu dor quelque somme
Or sy largent est posede par homme
Et le corps soit par lesprit posede
Quelle ayt regart selle a pas procede
Tant par larcin roberye & pillage
Ou qui le naure on tue dauantaige
Et par ce poinct el ne peult estre vide
De se larcin sacrilege homicide
Congnu quaulx biens & au corps afaict tort
Robant lesprit & le mettant a mort
De triple cas se rendant donc coupable
De trible mort el ce rend punissable
Voilla comment toy qui te dys amye
Ten vas monstrans cruelle & ennemye
De tes amys & comment par ton vice
Et faulx regard acquiert triple suplice
Penelope lucresse andromache
Nont pas ainsy loiel dresse ne siche
De loiel nalloyent iectant leur hamechon
Ainsy quæ toy pour prendre le poysson
Ainsy quæ toy ie ne vze de fainctyse
Aultruy nay pris ny aultruy ne ma prise
Sinon vng seul ieune homme de hault prix

Mariage.

Qui pour mary & pour amy iay pris
En me voyan fort humble tant mayma
Que pour amye & femme prisse ma
Ie nalloyent pas courant par le pays
Ainsy quæ toy mes sens asseruis
De nulle amandz & donne grand trainee

Sottye.

Ie naulloauent pas courant par le pays
Ainsy que toy mes sans nay asseruis
De nulle amandz & donne grand trainee
Daucuns muguettz dont es enuyronnee
Ie nalloient poinct haultaine glorieuse
Ie nalloient poinct en habitz precieuse

Bonne cõ
dition.

Mais bien ialloyent arme en ma ieunesse
De purite de vertu & simplesse

bõ regnon
par bienvi
ure.

Qui mont tant faict en tuos lieulx rononme
Qu'on ua voulu la parfaicte nommer
Donc ne prendz gloire ains say quæ cestvng
    faict

Vug don tresgrand de lamour seul parfaict
Quæ iay ayme & suyuy en mes iours
Quæ iaymeray & suyniray toussours
Car il est beau saige bon treshonneste
Sa grand sagesse & bonte madmonneste
Et me contrainct ne le desauouer
Mais bien en luy sans cesser ne vouer
Quamour soit beau qui esse qui en doubte

Mais qui soit bon ie le preuue sant doubte
Certaynement ie dy que tout ainsy
Quæ ce qui est meschant est laid ausy
Ce qui est bon & beau paraillement
Ce qui est bon ne peult aucunement
Quil ne consiste en parfaict & bel ordre
Ou ny rien que reprendre ou quæ mordre
Lordre par faict gist en equalite
Proporcion grace honneur dignite
Proportion gist en la conuenance
En vng accord & viue temperance
Et temperance & modeste gist
En la vertu par qui tout se regit
Ainsy lamour ne peult estre quæ honneste
Beau tempere gracieulx & modeste
Car sy beaulte gist en perfection
Et lamour est vne fruiction
De la beaulte, fault conclure en effaict
Quamour aussy doibt bien estre par faict
Amour le Dieu est tant parfaict & hault
Quæ plus quæ loix & quæ les artz il vault
Les artz escriptz dix millions de loix
Nont la vertu lefficace & le poix
Pour exiter a bien faire ou bien viure
Comme lamour quicõquez le veult suyure
Iustice auec le iuge & le bourreau

beaulte en
la vertu.

C

Effort de Pugnisseut gens & par fer & par eau
Malice. Pour retenir la paix & surette
         Et acqueru vnne transquillite
         Pour rendre en fin ce peruers monde mūde
         Quād tous les maulx serōt chasses du mōde
         Et sy iamais ne peuent parneuir
         Qu'en tel estat ilz le seissent venir
         Le seult amour tout parfaict & constant
         Vous faict cella quasy en vng instant
         Car aussy tost quil a gaigne les cueurs
         Il mest a mort enuyes & rancueurs
         Sy tost quil est vug cueur arreste
         Tout viel discord est subit degecte
  * ℣.   Il chasse hors larcin & couoytisse
         Tenant erreur faulcete & faintize
         Et en leur lieu y mect grace & prouesse
         Pour rigueur paiy pour despelaysir leesse
         Il est tant fort quil faict plus quæ lesarmes
         Plus quæ tous preux & guerres & allarmez
         Qui ne congnoise sa force & sa constance
         Qui ozera luy faire resistance
         Qui ne congnoit ou qui na entendu
         Quil a mainct cueur magnime rendu
         Qui na ouy la force & vertu graude
         Dont herculles exite & luy commande
  *   Les bas enssers brisser & tant ouure

Pour son amy thefæus reconurer
Qui na ouy la grace & hardieffe
Quæ euft orpheus recomrant en lieffe
Euridice fa femme trefpaffee
Et de la mort en vye repaffer
Qui na ouy & grandement neftime
Enalceftis le hault cueur magnanime
Qui volut mort pour fon efpouz fouffrir
Puis curius lequel fe vint offrit
A fe iecter a labifme & angoufre
Pour deliurer romme du mal quel fouffre
Tous fes haulx faictz de magnaniuite
Lamour a fait par vertu exite
Lor & argent les princez & les roys
Nenffent tant fait pour leur ames & loix
Mais ie ne puis quæ ie ne mefmernaille
De c'efte amye entre aultres nonparelle
Qui tant fouuent en fon efcrit apreuue
Les aultres dieulx & ceftuy cy repreuue
Iuno qui prend damour fa deite
Auec hymen perdroit fa dignite
Sy plus quamour ou fy trop plus qua luy
Aucun prenoit en eulx gloire & appuy
Le Dieu damour qui les efpouz conuocque
Faict que iuno & hymen lon inuocque
Et comme Dieu en hault degre excede

Effectz damours.

Marcus cu
rius hôme
Romain p
por lamou
des romaïs
faulta de
dens vng
gouffre po
ur fau uer
la ville de
Rôme de
la peftilâce

Incident.

*

C ii

Ces aultres dieulx dautant quil les precede
Et quæ sans luy videz d'honneur seroyent
Ie diray plus quasy trespasseroyent.
Ie vous tien trop mes dames bien amez
Et en lamour par tout bien estimez
Mais lamour la vertu gracieuse
Et sy diffuse & sy trescopieuse
Que plus ien dy plus il men reste a dire
Et plus ien say plus men reste a escripre
Ie poursuiurois parlant de sa vigueur
Sy ne craingnois que ma trop grãd lóqueur
Vous offencast & quel semblast par ce
Aucunement de parter auoit grace
Vous men croyes par la mienne amytie
Quæ ne portez que, est court de la moytie
Ce men propos, & oultre ma pensee
C'est de moictie la matiere aduance
Sy la vertu damour, qui tant a paine
Se peult celler par grace souueraine
Vous a par moy en voz cueurs inspires
On plus auant ou du tout attirez
Ie feray fin doncquez bien tost apres
Quæ auray repris vng pettit poinct expres
Mais en auant par lamye de court
Qui par escript par my les dames court
Car ie ne veulx en lerreur vous laisser

Ou ie la voy encliner & baisser
Tu dys amye,en ton ouure,dernier
Vng poinct quamour te veult tresbien nyer
Quæ pour mary il vauldroit myeulx auoir
Vng riche sot que vne homme de fcauoit
Poure de biens,puis tu respondz ce poinct
Quæ lauray riche ou que nen auras poinct
Encor quil soit en tes meurs tant contraire
Et quil te donne & enuy & affaire
Respondz amye ou est donc maintenant
La grand vertu qni te,alloit gouuernant
On est l'honneur de la gloire estime
Dont par auant estoys fy fort armee
Ou est ta force & ta gande constance
Qui en tous cas scait faire resistance
Souffrir ne peulx vng poinct de pourefte
Qui souffre bien vng homme a ton cofte
Entre deulx draps voye sans quil te touche
Or pourette auec plupres gens couche
Sans les corrunpte & de lamour tout nud
Cella n'est poinct vray semblabe teuu
Qui soit ainfy qu'on lealle demender
Aux deulx amandz hero & leauder
Et puis tu dys que tu aymes bien collez
Qui damour ont les vines estincellez
O le beau mot de toft faire cella
Ne se faindroit de faire ce tout la

C'eſt aſcauoit de ſoy apparyer
A leur varlet & de ſy maryer
Et puis tu faictz la thoologienne
Tant qu'on diroit a la parolle tienne
Que tu ſeroys en Dieu toute rauye
Et ſur le poinct de la celeſte vye
Quand tu as dict de tout eſprit de prix
T'acompaigner des immortelx, eſpris
Quand tu as dict non pas ſans arrogance
Mais moy qui ſuis armee de conſtance
Au ciel en ſoit & non a moy la gloire
De ce que iay de ce monde victoire.
Pareillement quand tu as voulu dire
Iay prins ma foy en ſon celeſte empire
Quãd tu as dict ces beaulx motz precieulx
Que l'honneur va touſiours deuãt les yeulx
En liberte de la voye compaigne
Ta lãgue amye a to⁹ beaulz motz ſe baigne
On voiſt en fin quen telz motz grãd vãtãce
Seullement giſt & petite importance
Il faulx dict on en prouerbe nottoire
Que vng menteur ayct de ſon dire memoire
Ou aultrement on congnoiſtra en fin
Quil eſt menteur & nompas aſſez fin
Sy liberte as pour election
Sy tu ne veulx de compoſition

DE LA COVRT.

Digne de honte en toy miſſe en auant
Quæ ellys tu donc le ſot ſur le ſcauant
Sy le repos de ton eſprit te duict
Et ſi vertu pas a pas te conduict
Dy dont pour quoy la laiſſe te pour prendre
Fragille bien qui toſt ſe peult deſprendre
Et ſy tu as deuant tes yeulx l'honneur
Pourquoy tu mect ainſy en deſ'honneur
Le ſot eſpoux facheux & ingnorant

Lequel tu vs pour ſon or adorant
Quel bien auras quelle grace & ſaueur
Auec vng ſot quel ſupport & faueur
Le ſot eſpoux aſſin tabiſmera
Leſpoux ſcauant en fin teſteuera

Le ſauoir duict la ſottye deſtruit
Sottye auengle & le ſcauoir inſtruict
Car la ſience eſt vng theſot en ſomme

Lequel iamais ne delayſſe ſon homme
Mais ne ſuffit que ta penſe faultce
Dehors lhonneur en richeſſe te haulce
Puis que tu veulx les aultres coaſellier
Mus hors lhonneur a lor ainſi bruller
Suffize a toy la tienne erreur meſchante
Aux aultrez dont ne la vas plus preſchante

Car ton conſail plaine de faulcette
Plain dauarice erreur et faulcette
Gaſter ne doibt & neſt beſong que bleſſe

C iiii

La grand vertu des dames & noblesse
Grafter ne doibt vne cummunite
Plaine damour d'honneur & dignite
De ton aduis amye trop amere
Neft poinct eftre de focratez la mere
Paraillement ny des grecquez auffy
Qui neftimoient ces biens caducquez cy
De ton aduis & fotte affection
Neuft poinct eftre a la femme aphocion
Celle dhector ny celle de adiuetus
Plainez damour & de toutez vertus
De ton aduis neuct poinct eft thefta
Qui quelque fois hault & clair proftefta
Auec vng cueur de conftance muny
Quel aymoit myeulx femme eftre dun bany
Homme de bien, que fur de denis prince
Mal renomme en toute la prouince
De ton aduis neuft poinct efte iulye
Hifpicratos auecquez cornelye
Qui ont ayme lamour vertu prudence
En leur efpoux & nonpoinct lopullence
Pas neft befoing que les hommes iamaine
En mon propos l'hiftoire en eft trop plaine
De xenphon de cathon dalexandre
De ligurgus que fait fou non efpandre
Par bonnes loix qu'en grece il ordonna

De lisander qui receuz les dons na
Daucuns voublans lattirer par cautelle
Par les presens de leur faulce sequelle
Tu as constance & tu te faict certaine
Dendurer soif au pres de la fonraine
En ton esprit de vray repos trop las
Tousiours vertu te conduict pas a pas
Ainsy lon voit que damour la vigueur
Et grand vertu sans contraincte & rigueur
Ses ennemys induict le confesser
Bon gre mal gre quasy sans y penser
Conbien que tu ne le faictz tel quil est
Il n'est tirant auis a secourir prest
Et tant son fault quil soit tirant cruel
Quæ du monde est garde perpetuel
C'est le grand neud iudicible inuicible
C'est le lyen inmortel infalible
Qui toute chose au monde accouple & lye
Et iamais rien ne descouple ou delye
Il n'est poinct fainct mais nud & sãs vesture
Et tient la clef dons il faict ouuerture
Par tout sans cesse en luminer sel monde
Cest le men craict dont il gouuerne & sonde
Le cueur de tout sagette fructuense
Qui va tirant par grace vertueuse
De toute essence en leesses expresses

mour que
les riches-
sez,

*

Amour
garde tout
le monde.

amour lye
& delsye
quil a lye
en parfai-
cte amytie

Iuceſſanment les forme y eſpecez
O conbien grande eſt ta diuinite
Ta maieſte & ton etternite
Amour qui faictz par ta bonte inmenſe
Quæ toute choſe aproduire commence
En toy ſareſte & en toy ſe confy
Par toy germine & par toy fructyfie
Ce Dieu damour gouuerneur ſtudieulx
Ce Dieu damour prouiſeur curieulx
Ne promect rien qui ne puiſſe tenir
Nentreprend rien ou ne puiſſe aduenir
Et ſy promect linpoſible ayſe rendre
Le cruel doulx cella faict ſans meſprendre
Car par ſon traict de ce monde la clef
Facillement de tout il vient a chef
Gaigne les cueurs par grace naturelle
Par ſa bonte & doulceur eternelle
Mais que peult on penſer ou eſtimer
Mais que peult on ou dire exprimer
Plus impoſible increable en tout lieu
Vng ieune enfant vaincre le pluſfort Dieu
C'eſt le Dieu mars qu'en ſtature pettite
Le ieune amour domine & ſuppedicte
Sont dont ton cueur ſy tu veulx endurcy
Ne croyant ſy tu ne veulx ce cy
O Dieu damour c'eſtæ imparfaicte amye

Amour ne
promect ri
en quil ne
tienge

amour gai
gne tout.

Mars fut
vaincu par
amour

exclamati-
on.

LA CONTRE AMYE

Qui eſt de toy ſy parfaicte ennemye
Sentir ne doibt le traict qui fit amy
Appollo fier iadis ton ennemy
Qu'on enuoyet par ſes filles orner
Voullant au roy la reſponſe donner
Quæ ſans preſent de ſes robes donnez
Trod mieulx ſeroyoit ſes deulx fillez ornez
Dapolo Dieu ou de ſollon le ſaige
Ou d'hercullez paſſant mainct dur paſſaige
Qui pauurette de ſon bon gre ſeruiſt
Et ont les biens ny les pompez ſuyuit
Sy pour largent ton cueur & corps ſe donne
A vng eſpouz neſpouzez la perſonne
Ainſy ſeullemēt les grādz biens tu eſpouſez
Te demonſtrant des auarez eſpouze
Sy pour la fin lamour nas propoſſe
Sy en lamour ton cueur nas repoſe
Querant les biens tu mect la fin expreſſe
Ou en la pompe ou bien en la richeſſe
Ainſy apper que tu es glorieuſe
Dedens ton cueur ou auaricieuſe
Tu as appris en treſmauluayſe eſcolle
Au lieu damour, dargent faire vne ydolle
On nen voit trop qui nouueaulx maryez
Non dix eſcus en leur bourſez lyez
Mais auec temps amour & loyaulte

Acquerent biens & richesse a plainte
Pettit bien croyt par amour & concorde

Grand bien perit par facheuze discorde
Lon voit souuent le pouure vertueulx
hault estime le riche sumptuelx
Tost abbastre & mis en decadence

Ou par fortune ou par son imprudence
Du temps passe produiray les scauans
De nostre temps les grandz iacques & ieaus
Qui ont este ou du tout renuersez
D'honneur & biens ou seullement versez
Mais qui tira vlixes des perilz
Ou tous ses gens fureut iadis peris
Lor & largent loppullence & richesse
Le hault estat, nonpas mais la sagesse
Mais son esprit & sa grade science
Prudence force & longue experience
Necessite est des ars inuentrice
Elle n'est pas oysinite ny vice
Et tant sen fault quelle soit vicieuse
Quand mesme on dict quelle est ingenieuse
Elle ne vient a rire prouocquer
Synon les folz qui son pourroyent moequer
Par fol repris de la pauurette dure
Quauecquex soy apporte nature
Il fault que tous bien fort la supportons

Marginal notes:

Discorde faict destruire maicte assemble.

Fortune p imprudence.

Exemple des vertueux.

Lor & largent niy la noblesse destat ne sauluer vlisez mais seullement sa prudence.

Les folz se moequet des pauure soufreteur

DE LA COVRT.

Quant de naiſſance auec nous lapportons
Princez & roys bien quilz ne la ſupportoit
Ce nonobſtant de naiſſance lapportoit
Aprendz aprendz de ton pettit chaton

Quæ prendre en gre la pauurette doiƈt on
Puis que ſur terre en pauurette venus
Nous y meƈt tous dame nature nudz
Tu dys que c'eſt choſe fort miſſerable
Damour en ſoy ſy grand mal incrable
Ie te le nye & ſans diſpute obſcure
Dix mil eſcus en ferons toſt la cure

Sy tant valloir tu ne fais tes parollez
Quæ les eſcriptz, ou pour vaiuez & follez
En demonſtrant par cout termez diuers
Qu'en menſongant as compoſſez ſes vers
Et quand tu dys que le tien ſot mary
Tu inſtruras de celle ie men ry
Qui as premier la ſentence rendue
Raiſſon n'eſt poinƈt des beſtes entendue
Mais reſpond moy quelle neceſſite
Aſtu de meƈtre en tel perplepite
En telle honte en telle mocquerye
En tel tourmeut en telle facherye
En tel labeur en, tel tourment & peine
Donc vas doubtant que la fin en ſoit vaine
Meſme attendu que paſſer tu ten peulx

Puis que tu as du bien affez pour deulx
Car tu as dict parlant de mainct prefent
Quæ lon te faict,que auffy des a prefent
A tes donneurs toy mefmez donneroys
Et en donnant plus ayfe tu feroys
Sy ce n'eftoit que tu doubtez & crainctz
Les grand caufeurs qui foit de babil plains
Lon peult doubter que ce diffant tu caufez
Quád ne va pas bien coulourant tes caufez
Sil eft ainfy que ia tu as des biens
Il eft certain dauarice tu tiens
Les pour fuyuát par hôte & paine acroiftre
Faiffant en toy fe mauuais defir croiftre
Tu as des biens & fy nas fuffifance
Tu as cheuance & fy nas poinct conftance
Mais plus grãdez bié plus damys tacquerót
Sy mallade es tes biens te fecourront
Par eulx auras medecins medecinez
Herbes vnugneus & exquifez racinez
C'eft tref bien dict tes amy apparens
Vouldroient aufy & tes plus grandz parés
Tout affifter a ton dernier feruice
Ou par ta gloire & par ton auarice
Ilz vouldroyent bien on fut droict ou tort
quentre les dens euffez la belle mort
Ce qui n'eft pas de meruaille pourtant

DE LA COVRT.

Que naymez rien sinon argent contant
Et qners mary sot & peruicieulx
Plus que sauant saige & ingenieulx
Ou as tu beau aussy que les biens fissent
Garir les gens & que garir les puissent
Maisson chasteaulx dor & dargent amas
Chaynes auneaulx velours satin damas
Ne guariroit leur maistre estant malade
Ne rendroit goust a sa bouche tant faide
Puis il est seur que lon crainct vne foucer
Lor precieulx on crainct le desbourser
Lauaire cueur se promect plustot pédre
Quæ ne faict pas vng seul denier desprédre
Lor & largent instruimét de tous maulx
Donne a lesprit plus de nulle trauaulx
Crainte de perdre & crainte dy toucher
Grainćte qu'on robe & pille la maisson
Crainte de glaine de poisson,
Car ie te dy & en cella ie nterre
Poison n'est veue en vyhauap de terre
Encor sur tout vne grand couuoytise
Qui le tizon auec tizon atize
Te rend en fin autant insatiable
Comme leufer & la guelle du dyable
Faissant de toy vne ardante fournayse
En tel estat peulx tu estre a ton ayse

Cetres ainſy comme le rude roſme
Te peult noyer ou la profunde ſone
Ce que peult quelque pettit ruyſeau
Ne plus ne moins lamas & grãde mouceau
Dor & dargent ton eſprit noyra
Et le petit iamais ne le fera
Voilla comment cueur aux biens areſte
Et en dangier & hors de liberte
Voilla coment en pauurette fuyant
Sur vng riceau tu te vas apuyant

*

Iayme trop mieulx delayſſer la ce bien
Par qui leſperit n'eſt trauſquille ne bien
Quæ den auoit pour ſoufrir troublement
En mon eſprit & en corps trenoblement

Exemple
de ceulx p
ont aſſem̃
ble des ri₂
cheſſe₂ &
neleur ont
rien profi₂
te.

Que proſſita lor a pollidorus
La brauette a ſidon & tirus
Et lauarice au roy laomedon
Troye deſtruicte il receuſt pour guerdon
Mais vng cueur noble a lamour pour theſor
Pour ce iadis feit grand reſſus de lor
Fabricius treſprudent, & ſy as
Exemple enror de cratez & byas
Dont lung diſoit quil portoit to' ſes biens
Laulrre iecta de dens la mer les ſiens
Pour eſtre libre & pour phileſopher
Et beaucoup mieulx en vertu ſeſchauſes

Cella faissoit le Dieu damour en eulx
Il le rendoit ainsy constans & preulx
A mespriser tous les biens de fortune
Qui le corps tue et lesprit importune
Cella faissoit lamour d'honneste
De vertu foy & vraye liberte
Et ce pendant toy damitie lymaige
Tu te rendz serfue & riche en mariage
Et sur la fin de tes saigez propos
Quiers la richesse & nompas le repos
Mais la fin tend de son commencement
Car ie te veuil monstrer euidamment
Qu'en tes propos que tu as premiers dictz
Côme aux derniers tresbien te contre dis
Tu dys quamuor quand a toy incongnu
Tu nas iamais ne pour archer congnu
Ny de quel boys est son arc & ses flechel
Ne says sil a flãmez chauldez ou sechez
Tu croys que tout est poesye vaine
Qui nous en chante en frenersye humaine
Mais nonostant incontinent apres
Auec propos bien amplez & expres
Vas descripuant ses assaulx & allarmez
Ses feux legiers & dangeurusez armes
Ses traictz pôignas ses fleches & ses dardz
Dont son armes & luy & ses soudardz

Le mal de mectie son sang total aux biens,

Reprisse des parollez de lai mye de court.

D j

Ainſy la dict car iay bien voulu dire
Tes propres vers pour a toy condredire
On ne peult plus baſtre ſon aduerſaire
On ne luy peult plus grand intereſt faire
Quæ le lier & pour orgueil rebaſtre
Villainement de ſes armez le baſtre
Or donc lamour & ſes ſouldars munys
De feu & traictz grand aſſaulx infinys
Sen vont liurant par my maincte aſſemblee
Comme tu dys, or eſt tu donc troublee
De temeſler damour & ſa puiſſance
Et ſy tu dis nen auoir congnoiſſance
Tu te voys ſeulle ainſy que prononcez
Hors des aſſaulx damoureuſez ſemonce
Et puis tu dys tout a la meſme foys
Quæ celuy Dieu ny ſes traictz ny cõgnoys
Tu te voys ſeulle entre cent conſtumyere
De cupido neſtre poinct priſonnyere
De cupido tu dis quil nen fuſt oncquez
Sil né eſt poïct ie te pry reſpõdz doncquez
Pourquoy dis tu que de tes ennemys
Qui contre toy en plain chanp ſe ſont mis
Amour en eſt ſouuerain conducteur
Pourquoy dis tu en ton eſcript menteur
Et de ſentence & de terme eſchange
Quæ cupido a ton cueur aſſiege

Pourquoy dis tu que ton cueur de soy maî-
  stre
Congnoist lamour sãs le vouloir cõgnoistre
Pourquoy dis tu que les gens il martire
Par vng doulx traict auecquez vng faict
  rire
Pourquoy dis tu quamour te faict somme
Et que te veulx encontre amour armer
Sy tu respondz que mentendz aultre choze
Synon en toy coucupiscence enclosse
Par ce poinct la tu ne meschapperas
Ains de rechef tu te contrediras
Car en tout lieu tu te fais tant diuine
Tu te congnoys & contre ta poyctrine
Sans estre esmue vngieune hôme as tout nud
Grand don du ciel tu sens en toy venu
Mais sentir doibz car bien las merite
Cil que tu as contre daphne iecte
A celle fin que contre amour armee
Nayme iamais bien quelle soit aymee   Echo est
Onsil aduient quelle ayme aulcunement   le resonne
Comme echo aime & non poinct aultremét mét de la
                                          voix.

FIN.

¶ La doctrine de la contre Amye a vne de ses famillierez.

Sy par honneur damour tu suis la trace
Ne soit ton veul aux presens adonne
Car en leur goust perdrois ta bonne grace
Et la vertu damour bien ordonnee
Ie tay en foy ce mien escript donne
Affin qu'en toy princt fin vng tel essaict
Et que ton dire au vent adbandonne
Du mien esprit fut si bien armee
Qn'en le lissant tout vice fut dessaict
Bien tu entendz quamour est tout par faict
Et qu'en luy gist liberte assure
Or donc ensuys lamour comme iay faict
Et ton cueur noble aura pour son bien fai ct
Grace a tousiours soubz ta foy mesure
Qui te induira en sa force esperes
Daymer la loy damour qui tout par faict.

Dixain.

Au moys pe May les amantz de ce monde
Portât vng May pour lamour de leur dame
Et ie vous porte vng May tant pur & mûde
Que sa verdeur odoire plusque basme
Plantes le donc au Iardin de vostre ame
[Vray amoureux] & lisez c'est escript
Vous ny verres quæ vertu & ses dictz
Deuant voz ieulx pour le suyure a la trace
Donnant a ceulx qui layment en esprit
Le May de gloire emply de toute grace.

Dixain.

Assez long temps en lyesse meslee
De toute grace,& de scauoir parfaict
En helycon gracieuse vallee
Leur demeurance ont les neufz muses faict
  Mais maintenant declairent par effect
Que dens Rouen (des villes lexcellence)
Pour tout iamais ont choisy residence:
Car a bõ droict, soit en rythme ou en prose
Rouen merite en tout la preference,
Ou le plaisir des neufz muses repose.

¶ Le bon plaisir du Seigneur Dieu
n'est es iambes de de l'hõme.　Psal.146.